Corazón y espíritu

Gary Johnatan Huenchuman Leal

Autor e ilustrador

Índice

Introducción

Esta obra fue realizada con el fin de expresar

El maravilloso mundo de los arquetipos y como son

Capaces de seducir a la imaginación utilizando la poesía

Los relatos, poemas y versos acompañados de varios aforismos

Hacen volar la imaginación a terrenos muy altos

Y contemplar desde allí una obra original.

Gran parte de este trabajo fue impulsado desde mi inconsciente

Y hube de darle forma utilizando el instinto.

Los versos se ordenaron así mismos como por hechizo

Y complete una obra llena de fantasía, amor y misterio.

Versos y aforismos

1

Las mentiras y los engaños son constantes en este mundo

Constantes en mi vida, que hoy dudo de todo

Hasta de mis más cercanos

Mas aprendí a sentir el corazón, a interpretar el verbo

A olfatear la sangre y a ver detrás de la máscara

Un rostro horrendo de tormentos y locura.

2

El aire es fresco y abundante

Los rayos del sol atraviesan las nubes

La hierva crece vigorosamente

Y las aves cantan están felices

El clima es similar a un paraíso

La estación envuelve mis sentidos.

3

Los besos son cadenas extensas y flexibles

Que se alargan por años hasta por fin romperse.

4

El sabio y el poeta aman intensamente

Uno a la sabiduría y el otro a la mujer

Yo soy un poco de ambos bella y triste tragedia.

5

Cuando beso tu boca quedo impactado

Así deben saber los frutos del paraíso.

6

Pareces estar hecha de acero por tu forma de andar

Mas eres frágil y delicada como una flor

Cuando sonríes se abre el cielo

Y las nubes permiten a los rayos de luz llegar a tu alrededor

Y vestirte de princesa hija dorada del sol.

7

La bella doncella celada por el dragón que la custodia en el castillo

Donde esta prisionera es la libertad limitada por la estructura

Y condenada por quien gobierna

El caballero es el guerrero que anhela la libertad de la mujer

El caballo es el ímpetu, el valor

Y su espada es la verdad que atraviesa y revela toda mentira y engaño

De este mundo o el otro.

8

Mientras veía sus ojos pardos aquel color caramelo dorado me preguntaba

¿Me dirá la verdad? sus ojos son hermosos describen belleza

Mas la verdad es indiferente a esta, muy rara vez

la belleza y la verdad son lo mismo.

9

Siento mil mariposas en mi estómago y mil polillas en mi corazón me pregunto que me matara primero.

10

Detrás de cada verso hay una historia de amor

detrás de cada ruptura hay mil versos silenciados.

11

Las nubes cubren el cielo creando un ambiente nostálgico

algo frio y con llovizna, más son estos días en los que vienen a mi bellos

recuerdos de amores y borracheras.

12

No ha habido luna llena en la que no suspire

ni luna nueva en la que duerma tranquilo.

13

Solo viene a mí el color de tus ojos ese marrón rojizo

que parecía pertenecer a un pueblo perdido en el tiempo

los veo en sueños y quiero pintarlos cada vez que puedo

mas no son los mismos mi arte no ha alcanzado la perfección

de retratarlos en un lienzo, ahora recuerdo lo oscuro de tu cabello

y la tez morena de tu piel incluso recuerdo tus pequeñas manos

y tus dulces senos que quise olvidar para no sentir nostalgia hacia el pasado.

14

Las nubes viajan lentamente se dirigen al oeste

suelen anteponerse a la luz del sol más este sigue indemne porque su calor

llega a nosotros.

13

La envidia de una mujer no distingue entre géneros ni generaciones

más la de un hombre no distingue entre razas ni ciudades.

14

Los motivos de mi corazón se superponen

a la razón de mi conciencia.

15

Mi amor por la naturaleza es más grande que mi amor por las pasiones.

16

Nuestro amor esta descrito en versos

que prevalecerán en el tiempo.

17

El hombre es poco más que una bestia que imita lo que admira.

18

Vi en tu sonrisa belleza extraordinaria

y en tus ojos dulzura y nostalgia

tú puedes oír el lenguaje detrás de las palabras, eres joven y sabia.

19

Y miraron al cielo y dijeron que hermosas nubes rojas es un bello atardecer

pero en vez de eso llovió sangre toda la noche y la mañana siguiente

y la sangre olía a podredumbre, a traición y a cobardía, y los hombres

se mataban buscando librarse de su olor ya que este se desvanecía cuando

mostraban valor y se convertía en fragancia de rosas y fuego

la sangre santifico la tierra e hizo todo volver a crecer más a los cobardes los

maldigo con hedor a putrefacción no se librarían de su mal y vayan donde vayan serian reconocidos por apestar a muerte

pocos hombres quedaron solo aquellos que lucharon con honor,

con valor y fe pues la fe es como una armadura que protege

de la más filosa espada.

20

Los pétalos de mil cerezos cubren el camino hacia mi destino

y camino con calma pues aún soy muy joven

cada año que pasa soy más sabio espero vivir mucho, aunque no veo

el final del camino parece infinito más mi tiempo es limitado

habré de morir en el regazo de un cerezo

y nutrirlo para la siguiente primavera.

21

Por mucho tiempo creí que el amor era un consuelo

para quien no puede mostrar talento en batalla.

22

El secreto de la felicidad: ver el mundo con los ojos de un niño.

23

Dios hizo llover a cantaros sobre el fuego que quemaba mi alma

y mi corazón descansó y volví a oír mis latidos y mi mente

reflexiono acerca de todo.

24

Quien ama el sol ama la verdad, la luz y la divinidad

quien ama la luna ama la magia, el misticismo y a la mujer

quien ama el océano ama lo inconsciente, las pasiones y los sentimientos aquellos que aman la tierra aman la vida, la fortaleza y la guerra

pues la naturaleza es un reino donde las batallas son interminables.

25

El hombre está condenado a luchar eternamente

A levantar multitudes y morir en batalla

Nunca habrá justicia para con los seres vivos

Pues fue en los primeros días del hombre, que este mostro sus colmillos

Listos para devorar carne.

26

El fuego y el acero son aliados del hombre desde hace mucho

Y lo volverán a ser esta vez, más en esta vez el fuego cubrirá el cielo

Las cartas fueron tiradas y las estrellas interpretadas

Y no hay un claro ganador solo muerte y desolación.

27

Es el hombre una máquina que construye su destino a través de la guerra

Llegará el día en que se enfrente el mundo entero

Oleada tras oleada de multitudes lanzadas al vacío

A veces llamada muerte a veces gloria.

28

A la guerra le sigue la momentánea paz como a la tormenta el arcoíris

Una ilusión vana impregnada en una mente primitiva.

29

No hay demonio más grande que el que llevamos dentro.

30

El amor y la gloria son similares en ambos se entrega el corazón.

31

Los dioses no condenan los pequeños pecados de los hombres

Cuantas flores arrancadas por conquistar a una mujer.

32

Pobre rosa roja estaba destinada

por el amor de un muchacho a ser cruelmente arrancada.

33

Llegaste a la madurez y debías elegir entre cuatro oficios

Herrero, guardián, mercader o santo

Mi alma se inclina a ser un guardián, pero el fuego y el acero

Acaban por convencerme me convertiré en herrero

Y armare al guardián que protege al santo

Y venderé mi espada al mercader, procuro usar el mejor acero

Y algo de hechicería para hacer mis armas indestructibles

Han llegado a mi elogios y halagos también envidia y asesinos

Que ven en mi trabajo una amenaza y que va

Soy un herrero forjo espadas y hachas, puntas de flechas y cascos

Y las mejores armaduras

Yo fabrico la guerra.

Aukan y Conan

Fuego caía del cielo y una gran ciudad era arrasada

Solo logró huir un niño de diez años

Que vestía ropas amarillas y mostraba gran inteligencia para su edad

Huyo hacia el oeste buscando un nuevo hogar

Una nueva familia, alguien con quien poder conversar

hubo de aprender a cazar a sobrevivir como hombre

Pronto se adaptó a la selva a la jungla y los prados

Instintos nacieron en él y lo volvieron sigiloso y hábil en la cacería

Un día buscando refugio se adentró en una cueva

Que era habitada por un puma

Que hablaba como hablan los hombres

Y este le pregunto cuántos años tienes

Y el chico respondió: cumplí catorce antes de llegar aquí

Ya eres todo un hombre dijo el puma

Y el aura que te rodea advierte un gran poder

Esta es mi casa y hoy eres mi invitado

Mi nombre es Conan cual es el tuyo

Me llamo Aukan respondió el chico

Tuve un sueño hace mucho tiempo dijo Conan

Soñé que era un cazador destacado el depredador de depredadores

O sea,- interrumpió Aukan- querías ser un hombre

En efecto es así contesto Conan

De dónde vienes Aukan pregunto Conan

Vengo de una ciudad al este que fue destruida por dios Dijo Aukan

Ya veo dijo Conan la ciudad que no duerme, fue destruida por sus pecados

Su vanidad y su locura, mas no fue dios quien lo hizo sino los tres reyes

Que son amos de un dragón de tres cabezas

Sorprendido Aukan pregunto y tu como sabes eso

Una pareja de cuervos me lo contaron

son un poco chismosos, pero nunca mienten

hay algo que quiero preguntarte dijo Conan

hay una flor que crece en el norte, una flor amarilla

huele a fuego y a cenizas si la traes para mi

no solo te guiare hasta las estancias de los reyes

te ayudare a matarlos, aceptas?

acepto dijo Aukan y se dirigió al norte

sobre una montaña roja que ninguna bestia puede pisar

pues la tierra libera veneno que mataría a un tigre

entre la hierba y la maleza encontró la flor por su aroma

y volvió con Conan y se la entrego

y este la comió y en un hombre se convirtió

desnudo sin más armas que sus manos forjo una lanza y un cuchillo

salió a cazar un oso y se vistió con sus pieles

luego le habló a Aukan ¿estas preparado?

y Aukan con una leve sonrisa respondió claro

he esperado mucho por esto

se dirigieron al sur del mundo y llegaron a una península

al borde del océano se encontraba un templo

y sobre el reposaba un dragón de tres cabezas

el dragón dormía y esto les permitió pasar

entraron al templo y encontraron en su centro

tres tronos, tres reyes y tres lienzos a sus espaldas

los tronos eran de oro adornado con diferentes piedras preciosas

los reyes vestían túnicas de diferentes colores

máscaras blancas y coronas de oro

el primer trono era de oro y rubíes su rey vestía de rojo y el lienzo a tras el

tenía pintada a una mujer desnuda que intentaba cubrirse de una multitud

el segundo trono era de oro y diamantes su rey vestía una túnica negra

y el lienzo tras él tenía pintado a un hombre encadenado

el tercer trono era de oro y zafiros y su rey vestía una túnica purpura

y el lienzo tras el mostraba a un hombre desnutrido

Aukan y Conan se acercaron y el rey de túnica negra habló:

¿de verdad vienen a matarnos?, así es dijo Conan

son una aberración de la naturaleza creen ser dioses

y aterrorizan al mundo con un dragón de tres cabezas

el rey de rojo habló: un dragón que percibe todo a kilómetros crees

que no los sintió entrar, nosotros queríamos que viniesen

las aves hablan de dos cazadores

capaces de acabar con la mayor de las bestias

muy jóvenes y unidos por la magia

cómo te llamas chico, no te importa respondió Aukan

y que nombre ocultas tras esa máscara

el rey de purpura habló: nuestros nombres están frente a ustedes

somos los males que someten al mundo y mantienen el orden y la paz

ya se quienes sois dijo Aukan

sois vergüenza, cadenas y hambruna

un mal por cada cabeza del dragón

Conan desenfundo su cuchillo y Aukan sujeto fuerte su lanza

cuando el rey de túnica negra habló: tu tierra fue destruida

por orden de un dios que se presentó a nosotros como un gigantesco

rinoceronte, una criatura invulnerable al fuego del dragón

con una coraza plateada impenetrable

somos un nexo un vínculo con dios le adoramos y obedecemos

mas no somos sabios ni libres realmente

si quieres venganza id a por el rinoceronte plateado

y tráenos su cuerno con su polvo sanaremos tu tierra

y todo volverá a crecer

Aukan miro a Conan y sin decir nada ambos salieron del templo

se dirigieron al suroeste a lejanas tierras desérticas

Conan podía percibir una gran energía emanada por el ser, Aukan se guiaba

por su olfato hasta que encontró unas huellas enormes

y poco tiempo después dieron con el rinoceronte plateado

el ser los embistió, lo evadieron con gran agilidad, sus lanzas no logran mas que rasguñar su coraza, más Aukan logra ver

una serie de puntos débiles en sus articulaciones

le advierte a Conan y ambos atacan

Conan como una bestia se aferra a él y entierra su cuchillo en su cuello

haciendo sangrar a la bestia, en eso Aukan se agarra de su cabeza

y corta su cuerno, la criatura habló:

ustedes hijos de la madre tierra atentan contra la obra de dios

Aukan responde: tu ordenaste exterminar mi hogar a mi familia y animales

debería matarte más con tu cuerno me conformo le dijo

está bien dijo el rinoceronte no habrá venganza esta vez, dios me advirtió del

hombre en especial del cazador y yo los subestime

vuelvan a su tierra cazadores que se acerca la tormenta

que dios guie sus pasos y tengan una larga vida

Aukan y Conan logran volver y ven al dragón despierto vigilar la entrada

Aukan lleva a las manos del rey de negro el cuerno

este lo tritura y lo hace polvo le pide que los esparza por su tierra y luego

deje caer agua de lluvia y todo lo verde renacerá

alcanzaron a salir los cazadores cuando del cielo se ve caer una lluvia

de cometas, rocas de fuego caen sobre el dragón quitándole la vida

y más caen sobre el templo volviéndolo escombros

los tres reyes se levantaron más ya no hay bestia que los proteja

y Conan quiere sus cabezas.

El hombre y la mujer

La tierra era joven y la vida prosperaba

Mas el hombre no existía y los seres no tenían nombre

El sol vio a la tierra atrapada en un ciclo interminable

La cadena alimenticia era la ley universal

Decidió entonces el sol como un dios creador

Tomar el acero y el carbón, la arena y las piedras

Y forjar a un ser capaz de razonar, con su luz lo formo

y con su calor le dio vida

Con su magnetismo lo ato a la materia y con su aura lo vistió

Nació un ser imperfecto pero capaz de andar capaz de construir

Y capaz de amar, amar sin embargo fue su mayor defecto

No conseguía sosiego en ningún lugar sobre la tierra

La luna pensó en él, al verlo en soledad

Y le prometió a la mujer al siguiente atardecer

El busco en la tierra el lugar de su nacimiento

Mas no nacería en la tierra sino en el océano

Y se acercó al mar y contemplo la vastedad de sus aguas

Y llamo al primer ser que oyera su voz

Y se presentó una mantarraya tan grande como una ballena

Y le ofreció su ayuda si prometía cuidar el océano

Entonces la mantarraya subió a sus espaldas al hombre y lo dirigió

Al oeste donde la luna anuncio su llegada

Y llegados a ese punto vieron la noche estrellada

Y la luna se abrió como un huevo y dejo caer a su amada

Mas al momento de caer al agua fue tragada por una ballena negra

Que huyo a una isla lejana

El hombre y la mantarraya le siguieron hasta el amanecer

La ballena encalló en la orilla de una playa

Y el hombre corrió a socorrer a su amada

Sentía latir su corazón ella estaba viva en el interior de la ballena

Y abriendo sus fauces llego hasta ella, estaba sana y salva

Solo un poco desorientada entonces ella pregunto

Quién eres tú, el hombre respondió: soy hijo del sol

Y tu hija de la luna, estamos destinados a formar una familia

Y vinieron a ella recuerdos de vidas pasadas

Cien generaciones de amor y romance

Se conocían desde hace mucho y lograron reencontrarse

Fueron amantes legendarios en tierras anteriores

Cruzaron los océanos buscando un hogar

Exploraron las estrellas queriendo salvar su legado

Entonces ella lo vio fijamente y

Abrazo a su amado y le preguntó en qué lugar estamos

El respondió esta es la tierra creada por dios, un planeta fértil

Y amigable y hemos de convivir con los hijos de la naturaleza y cuidarlos

Esta isla parece adecuada para comenzar a construir

Construiremos un bello mundo para nosotros y nuestros hijos

La mujer se entregó a su amado e hicieron el amor

Depositó su semilla en su interior y agradeció al sol y a la luna

Y durmieron recordando sus vidas anteriores

Mas de una vez fueron mortales y alguna vez dioses.

La bruja y el guerrero

El volvía de la guerra se contaba que mato a un centenar de hombres

Y salió victorioso en la batalla de los ríos de sangre

Su espada era enorme y pesada, él era alto y robusto

Su cabello castaño y sus ojos cafés

Quería regresar a su hogar, más para eso debía transitar por

Un pantano encantado cuyos rumores decían

Estaba habitado por bestias sin rostro y seres malignos del mundo sombrío

Rodeando el pantano fue rápidamente atacado por una serpiente

Gigantesca y venenosa atravesó su coraza con sus colmillos dañando su brazo

Espero que volviese a atacar para cortarle la cabeza

Extrajo el veneno pensando encontrar a un mago que cree un antídoto

Camino por horas desorientado hasta caer desmayado

Despertó en una casa de roble iluminada por velas

Su brazo había sido tratado y el veneno ya no estaba en su cuerpo

Apareció frente a él su salvadora, una bruja de cabellos negros y ojos cafés

De tez blanca y un hermoso vestido violeta, caminaba descalza

Su primera impresión fue mutua ambos se gustaron

Mas la bruja habló: con qué propósito transitas este lugar

Que a hombres valientes llena de miedo y los más sensatos evitan

El guerrero respondió: quería regresar a mi hogar

a ver a mi madre si aún vive

Y este es el camino más corto hacia ella

Te agradezco por ayudarme más debo irme

La bruja le dijo: es de noche y no puedes irte, en este lugar vive un hechicero

Gobierna a las bestias y escucha cada paso

El me hechizó, desde niña me adentré en este pantano y me desorienté

y crecí encerrada en un mundo hostil

No encuentro la salida, más aprendí a usar la magia

Si vas solo morirás, si vamos al amanecer lo puedes enfrentar

Y juntos saldremos de este pútrido lugar

Así espero el guerrero hasta el amanecer y pronto a partir el guerrero

La bruja le dio de tomar una pócima

Para no caer ante el veneno y no perder su humanidad

Llevaban dos días caminando en círculos, el poder del hechicero era enorme

Hasta que la bruja grito tan fuerte que el cielo se abrió

Y exigió al hechicero enfrentarla

El brujo se presento era un viejo lánguido, encorvado

Con dedos largos y las uñas amarillas, sostenía una vara

con un semi circulo en la punta, envió serpientes a la bruja y al guerrero

y este las corto como papel, entonces envió cocodrilos

y este los decapitó, envió insectos venenosos que picasen

al guerrero y a la bruja y aunque así fue

estaban protegidos por la pócima de la bruja

entonces la bruja cantó y lianas a parecieron bajo los pies del hechicero

y se enredaron en su cuerpo y lo detuvieron un momento

en ese instante el guerrero lo decapitó

y tomo su vara para orientarse a salir del bosque

al morir el hechicero el pantano se convirtió en un lago

y las plantas en árboles y las aves volvieron a cantar

entonces el guerrero y la bruja marcharon hasta la salida

y con la vara del hechicero abrieron un camino hasta el hogar del guerrero

él la sujeto de la mano y le pidió lo acompañara

ella acepto sonrojada pasar sus días con quien la libero

y ambos sonrieron y con un dulce beso su camino siguieron.

Cazador

Nació en una cueva al sur del mundo

Creció como cazador, hábil y astuto

Alcanzo la adultez cuando cazo al gran oso

Una bestia enorme de cuatro brazos y cuatro piernas

Se vistió con sus pieles y clamo al cielo por compañía

Pues estaba solo en el mundo y ningún reto quedaba

Entonces los dioses lo oyeron y sintieron compasión

Le ofrecieron una esposa si complacía a los dioses

Le pidieron que cazara a un león alado

Estos habitaban una montaña al oeste del mundo

Eran reconocidos como bestias abominables

Y en los pequeños poblados se les rendia culto

El cazador forjo una lanza con los huesos del oso

Y con sus colmillos elaboro flechas

Camino cien días hasta llegar a su destino

Y vio a decenas de leones alados sobrevolando los cielos

Mas uno llamo su atención, era enorme y de color rojo

Se acerco sigilosamente hasta el, tomo su arco y apuntó

Disparo con certeza más la piel del león era gruesa

Y no consiguió atravesarla

El león alado estaba furioso y batió sus alas con fuerza

Creando un huracán e invocando a la tormenta

Entonces el cazador se volvió presa

Y huyó hasta una cascada donde lanzándose a sus aguas

Evadió al león alado con fortuna

El león alado descendió al suelo y recorrió sus tierras

Haciéndose ver por los pobladores

Quienes lo llamaron el dios rojo de las tormentas

El cazador volvió a su hogar herido y asustado

Y clamo nuevamente a los dioses por ayuda

Pues su enemigo era invulnerable

Entonces los dioses le ofrecieron una presa más pequeña

Una serpiente venenosa cuyo veneno paralizaría una ballena

Debía introducirse en una cueva al norte de su hogar

Sin ninguna antorcha que lo alumbre

Palpar el suelo con delicadeza y reconocer a la serpiente por sus cuernos

O por su mordida la cual lo mataría

Ya al interior de la cueva se arrastró en el suelo

Y con gran sutileza tocaba insectos y sabandijas

Piedras y huesos

Y la encontró por fin a la serpiente cornuda

Y extrajo su veneno y baño las puntas de sus flechas con el

Ahora estaba preparado y prometía al cielo vencer

Rumbo a la montaña se encontraba esperando

sediento de venganza el león alado

El león volvió a invocar a la tormenta y los vientos eran desastrosos

Tomando su arco instalo las flechas y apunto

Una tras otra las flechas eran desviadas por el viento

Mas la tormenta se detuvo un instante mientras el león alado rugía

Y el cazador disparo dándole en su pata izquierda

Y el león alado cayó al suelo

y el cazador se arrojó a él con su cuchillo en la mano

más al verlo en el suelo paralizado

sintió compasión de él y solo tomo una de sus plumas

y se las ofreció a los dioses como tributo

de no aceptarla se quedaría sin la compañía que le ofrecieron

más estaba dispuesto a seguir su rumbo

sus ojos se habían abierto y su viaje lo llenó de ambición

como era de esperarse los dioses querían un sacrificio

y no aceptaron la pluma del león alado

no hubo recompensa ni consejo solo una puerta que se cierra

ahora el cazador se disponía a emprender un nuevo viaje

a recorrer el mundo en su vastedad y conocer a seres mágicos

tomo su cuchillo, su arco y su lanza

un poco de carne de jabalí, agua y listo a la aventura.

A un paso del infierno

Por amor a una mujer vendió su alma y su nombre

Abrió las puertas del infierno por sentir como otros hombres

Ahora conoce los secretos de los antiguos hechiceros

Como seducir el alma y embriagar el espíritu

Practica las artes arcanas, la música y la danza

Cree que el talento puede conquistar a su amada

Le escribe cartas de amor y la retrata una y mil veces

Mas ella ignora su cortejo y no acepta sus regalos

Esta solo en su hogar solo le queda practicar su magia

Invoca demonios y espectros que le hagan compañía

Canta y escribe versos bajo la luz de la luna

Estrellas y grabados pintados en el suelo

Abren portales antiguos que conducen al infierno

Invoco de entre los demonios uno similar al hombre

Mas su cabello era de fuego y sus alas de murciélago

Conoce la lengua del hombre mas no obedece orden alguna

Le dice al hechicero-te privare de corazón

Borrare de este mundo a quien tus sueños robó-

Y esfumándose en la neblina ríe a la distancia

Mientras vuela a lo lejos se dirige donde su amada

El amor lo a cegado solo quería una mujer

su corazón quedo hechizado por culpa del placer

E invocado un demonio sin cadenas

Que quiere arrebatarme la razón de mi existencia

Hablare con el diablo para que me de poder y cadenas

Viajare al mismo infierno, aunque sea mi condena

Una estrella de siete puntas, flores y bestias sacrificadas

Abrieron las puertas del infierno a su inquieta alma

Ya estando en el infierno contemplo la arena de huesos

Y los ríos de sangre donde Vivian los demonios

Crece solo un tipo de flores, una flor purpura

Que embriaga los sentidos con su fragancia

Se dirige al trono del rey el cual esta adornado por aquellas flores

Hay dos bestias de tres cuernos custodiando el trono

Encadenadas a dos pilares que llevan envueltas dos serpientes talladas

El rey del infierno le pide se acerque a el

su cabello era de fuego fatuo, sus ojos amarillos como el sol

sujetaba un tridente con la mano derecha

y con la mano izquierda sujetaba una cadena con siete calaveras

solo una toga purpura cubría su cuerpo y un cinturón de plata y rubíes

el diablo preguntó: que quieres hechicero, te di poder de conquistar

a cualquier mujer sobre la tierra, a cambio de tu alma te ofrecí placer y

sosiego y hoy vuelves a mí al parecer arrepentido

he cometido un error invoque a un demonio sin cadenas

y quiere arrebatarme a la mujer que amo dijo-el hechicero

la virtud que poseías no fue suficiente para esa mujer

porque no dejas a mi hijo traerla hasta aquí-dijo el diablo

no pude conquistar su corazón más es mi fuente de inspiración

sin ella no soy virtuoso solo un brujo sin propósito

el diablo lo veía fijamente a los ojos y dijo te daré

el rayo, el fuego fatuo y cadenas de almas, traerás a mi hijo aquí

más tu pasaras diez años junto a mi

volvió a la tierra de los hombres y se dirigió donde su amada

a las afueras la acechaba el hijo del diablo

invoco un rayo sobre él y lo paralizo, encendió llamas azules sobre sus alas

y estas se quemaron, tomo las cadenas de almas y las lanzo

envolviendo al demonio y venciendo

el demonio habló y le pregunto ahora que has vencido

por qué no acabar conmigo

tu padre te quiere a su lado, yo te llevare a hacerle compañía

al llegar a su guarida abrió el portal al infierno y se dispuso a cruzarlo

cuando un ángel de dios se presentó con un contrato en sus manos

era el contrato que firmó con el diablo

se lo mostro y lo rompió frente a el

y le dijo tu no le debes nada, tu único pecado fue amar a una mujer

y dios te espera a su lado cuando llegue tu hora

entonces sin dudarlo dejo volver al demonio al infierno

y él se quedó mirando los restos del contrato

no entendía como lo obtuvo o qué relación tiene dios y el diablo pero se sentía libre e inspirado

el ángel se despidió y le dijo que cuidara su corazón

porque su alma la cuidaría dios.

Sol y luna

Las gentes se enfrentaban en una batalla sin cuartel

Su piel se había ennegrecido y sus ojos se habían vuelto amarillos

Devoraban carne humana y se bañaban en su sangre

Una sombra los gobernaba y guiaba a su final

Entonces el sol envió un ángel de fuego a luchar con verdad y pasión

Y vio que la maldad estaba en el corazón de los hombres

Y que permitían a un ente gobernar sus almas

Y bajo a la tierra con una clara intención

Cortar de raíz la semilla del mal

La tierra era arrasada por mil hombres con una oz

El ángel de fuego esperaba una señal de dios

Y la luna hizo presencia y alumbro un lugar en la tierra

Al interior de un bosque un ángel de alas negras nació

Y en sus manos portaba una espada de luz de luna

Entonces los ángeles se encontraron

Y sus propósitos eran diferentes

El ángel de fuego quería acabar con el hombre

Mientras el ángel de alas negras quería darle fin al ente

La luz de la luna envolvía la espada del ángel de alas negras

Mientras el fuego del sol cubría la espada del ángel de fuego

Cruzaron sus espadas por mil días

Mientras la tierra era azotada por la guerra

No mostraban ira ni cansancio solo pasión por la batalla

Y los astros concluyeron que la batalla terminase

Entonces soltaron sus armas y con las manos se enfrentaron

El fuego lo consume todo excepto a la oscuridad

Que acabo por absorber al fuego del sol

Y un nuevo rey fue coronado con el halo de la luna

El ángel renuncio a sus alas y una armadura negra lo cubrió

Y volvió a tomar su espada y se dirigió al ente

La tierra seria ajusticiada por un ángel vengador

Unió a los escasos hombres libres en batalla para recuperar la tierra

Y la sombra se hizo presente resultaba ser un ente en parte hombre

En parte animal con garras y colmillos y una larga cola

Y el ente se presentó y dijo: soy hijo de la tierra, de la madre naturaleza

Los hombres atentaron contra mi madre y yo atente contra ellos

Un tercio del mundo ha desaparecido, son carne pudriéndose en el lodo

Antes de que acabase de hablar, el ángel negro le atravesó

Con su espada de luz quemo sus entrañas

Y su ejército se volvió sal

El ángel negro se detuvo a contemplar el mundo

Y ordeno a sus hombres reconstruir el mundo respetando a la madre tierra

Él debía volver donde su madre más prometió vigilar el mundo

Y cuidar a la especie humana.

Destinados

Era preciosa y brillante, increíblemente hermosa

Sus ojos brillaban como el reflejo de las olas en el océano

Y su cabello se mecía como las ramas de los cerezos

Fue en una noche de invierno que decidió marchar lejos de casa

Y refugiarse junto a las estrellas en la eternidad

Mas su amado llego un día y no renuncio a su amor

Inspecciono el cielo nocturno hasta que una estrella llamó su atención

Y viendo el cielo nocturno entristeció

Pues la única estrella que amaba se desvanecía

Y le juro amor perpetuo a su doncella en el cielo

Y ella le correspondió quitándose su velo

Y su rostro era el de un ángel que sonríe dulcemente

Y su corazón latió exaltado llenando de vida su sangre

Entonces su doncella cantó y las aves enmudecieron

Le juró bajar a encontrarlo si cruzaba el océano

Antes de partir habló a solas con su amada

Le comentó de los misterios que envuelven al corazón y al alma

Como su corazón por ella latía y como su alma la seguía

Y le juro que deseaba ansiosamente besar sus labios cálidos

Y que la amaba intensamente como un mago ama a la luna

Quería escuchar su voz, su dulce melodía

Escuchar su canción de amor, perderse en su sabiduría

Su vida se ha acortado por entregarle el corazón

Su sangre se ha drenado en busca de su amor

Ahora cruza el océano para poder alcanzarla

Tomarla entre sus brazos y besar su frente

Llego a una isla remota donde solo un árbol crece

Quería alcanzar uno de sus frutos cuando desvió la vista y allí estaba

Un ángel cayó del cielo y espera a por él

Era más bella de lo que pensaba de lo que podía imaginar

Preciosa doncella del cielo, no la paraba de observar

se acercó sigilosamente y le confiesa un secreto

Ambos estaban en el cielo allí vive su amor

ella murió en el frio y él en el océano

Mas hoy sellaron su amor bajo la misma estrella

Y el caballero dejo caer una lágrima de su rostro

Y vio como esta se convertía en cristal

Diviso al océano una última vez y besó a su amada

Y se desvanecieron como arena blanca en el mar.

Ídolos

Volví a tiempos antiguos a la tierra primigenia

Allí contemple cinco ídolos que yacían en una pampa

Primero al toro de pie y desmembrado

Sostenido por una fuerza magnética que reunía sus partes

En cuyo interior yacía una estrella en extinción

A su lado había un león echado con ojos brillantes como estrellas

En su interior había una galaxia

El siguiente ídolo era un caballo galopante

En cuyo interior había una flama de fuego azul

El siguiente ídolo era una mujer de muchos brazos como tentáculos

Sus piernas estaban enraizadas en el suelo

Tenía el vientre abultado y era blanca como la nieve

Sobre su cabeza estaba posada la luna

El ultimo ídolo era un hombre de seis brazos sentado

Sin un rostro visible con un gran ojo en la frente

Sobre su cabeza estaba posado el sol

Me acerque a él y hable en voz baja

¿Qué clase de ser es este? reflexione por horas

Intentando descifrar su significado

Ya había resuelto los demás

El toro era la autoridad, el león la contemplación

El caballo la libertad, la diosa la naturaleza

Solo quedaba dios, lo llame entonces el dios de los hombres

Entonces el ídolo cobro vida e intento aplastarme

Yo hui lejos de todo hasta alcanzar los límites de la tierra

Allí me alcanzó y con una palma me lanzo al vacío

Y vi la tierra sostenida por un hombre viejo

Y de pronto me sumergí en un océano

Y caí hasta el fondo del lecho marino

Y vi a todas las especies habidas y por haber evolucionar

Y asemejarse al hombre

Ya al borde de ahogarme cerré los ojos y pedí a dios ayuda

Y desperté frente al ídolo nuevamente.

Dios de la guerra

Los días pasaban y la lluvia no cesaba

De entre el barro y las piedras

Una criatura emerge

Un becerro escarlata con un cuerno de hierro

La luna llena hace presencia

Y las estrellas observan

Un dios a nacido en la tierra

Un dios de la guerra

Las multitudes se levantaban y se dividían en facciones

Rojos, azules, amarillos y verdes

El mundo es un campo de batalla

Lo será hasta que el becerro caiga muerto

Los hombres mueren por millares

Hasta detenerse y reflexionar

Deciden enfrentar al becerro y acabar con su mal

Un guerrero por cada facción

El mejor en su arte

Hacen frente a la bestia como si de leones se tratase

El primero en atacar es el guerrero verde

Que es embestido y atravesado por la bestia

El segundo en atacar es el guerrero rojo

Quien logra cortar su cola y comienza una tormenta

El becerro le arranca un brazo y lastima su pierna

El cielo se vuelve negro y truenos y relámpagos se oyen

Mientras rayos caen muy cerca del ente

El guerrero amarillo ataca con destreza y sigilo

Y con gran habilidad se aferra al cuerpo del becerro

Este lo arrastra cientos de metros hasta que este consigue

Cortar su cuerno el cual cae al suelo y se hunde en sus profundidades

Provocando un terremoto y un maremoto

La cuarta parte del mundo es cubierta por las aguas

El guerrero azul con fiereza incomparable

Ataca de frente al becerro y lo toma de la cabeza

El becerro lo arrastra por el suelo hasta que el guerrero le corta el cuello

Y su sangre santifica la tierra calmando el sismo y el maremoto

Luego la tormenta se detiene

Los guerreros que quedan deciden enterrar el cuerpo

Y hacer un ritual funerario

Se sacrifican cien becerros para calmar la ira de la madre tierra

Algo que no aprobó el guerrero azul

Pues entendía que el daño irracional a la naturaleza

Provoco que esta emergiera como un dios de la guerra

La guerra llego a su fin y se le rindieron honores

Al guerrero verde

El guerrero azul fue coronado

Mientras los guerreros amarillo y rojo formaron una alianza

Entonces el mundo se dividió en dos

Y la paz se viste de hipocresía

Pues todo lo que les queda es fingir que las cosas van bien

Cuando se encaminan a la perdición.

hija de la naturaleza

Una niña creció en el campo junto a sus abuelos

Un día ambos murieron en un incendio accidental

La niña quedo sola y desamparada

Los hombres no le ayudaron estaban enfermos

Y otros eran simplemente mezquinos

Mientras lloraba y buscaba una respuesta a su desgracia

Un gato gris con rayas se acercó ronroneando a ella

Y ella acepto su amor y las lágrimas se detuvieron

Lo llamo rayita

Juntos decidieron salir a explorar buscando un nuevo hogar

Lejos de todo, de los recuerdos y de los hombres

A su paso encontró una abeja que huía hacia el sur

Y le pregunto de que huyes pequeña abeja

Esta respondió –de los hombres han tomado mi hogar y mi trabajo

Y nos han expulsado-

Debes saber que la naturaleza es un reino

Y para que unos seres vivan otros deben perecer

El mundo está dividido en categorías y jerarquías

Y el hombre se corono así mismo como rey

¿Que buscas pequeña niña?

La niña respondió-busco un nuevo hogar

Un lugar donde escapar de todo y de todos

No conozco un lugar así comento la abeja

Pero si quieres ir lejos deberías volar

Hay una diosa en el bosque que solo puede ser vista por ojos inocentes

Ella te hará una pregunta y si la contestas te dará alas

Y con ellas podrás ir lejos, muy lejos

La niña sonrió y se despidió de la abeja

Junto a su gato se dirigieron al oeste

En su camino se encontró con una serpiente

Que le pidió un aventón

Le comento mientras caminaban

Que la vida del hombre se había acortado

Que una enfermedad se había propagado y había nacido

En sus corazones y se llamaba apatía

Llegando a un valle la serpiente se despidió de la niña

Y la niña vio un lugar hermoso lleno de aves de diferentes colores

Ahí fue cuando rayita salto y cazo a una pequeña ave

Con gran velocidad la devoraba

Olvide que tenías hambre perdón rayita, perdón ave

Entonces la niña entendió lo que la abeja le decía

Y le pidió a rayita esperarla mientras ella se dirigía a su destino

Siguió su rumbo orientada por su corazón

Y llego a un bosque frondoso que emitía una fragancia particular

Olía a cerezos, a flores y polillas

Al adentrarse al interior del bosque

Encontró una liebre que le habló del alma y el corazón

Que ambos estaban unidos por la conciencia

Y si enfermaba tu corazón tu alma se podriría

La liebre le pregunto ¿que buscas aquí pequeña niña?

La niña respondió -busco a la diosa capaz de otorgar alas-

¿No son tus piernas suficiente don?, te han traído hasta aquí agrego la liebre

La niña reflexiono un instante y luego respondió

Quiero vivir en las montañas donde ningún hombre pueda llegar

Quiero sobrevolar la tierra y alcanzar los frutos más altos

Ya veo dijo la liebre cierra los ojos y ve, ella te espera

Y cerrando los ojos dejo a su corazón como guía

Entonces alguien habló

Hola pequeña niña que haces tan lejos de casa

La niña abrió los ojos y respondió ya no tengo hogar al cual regresar

La diosa resultaba ser una mujer muy alta de cabellos rojos

Y un largo vestido verde con grandes alas de polilla

La diosa le dijo Tu mente está conectada con todo lo viviente

Estas bendecida con la voz de un ángel

Te hare una pregunta si la respuesta es correcta

Te daré lo que viniste a buscar

¿Qué es el amor? Preguntó la diosa, la niña respondió

El amor es un legado que se transmite de generación en generación

y une a las especies y sosiega el corazón

buena respuesta es aceptable dijo la diosa

entonces la niña sintió su espalda crecer y alas de polilla brotaron

y dio las gracias a la diosa y se despidió

decidió volar lejos y contemplar el mundo

más todo lo que vio fue ruina y enfermedad

recordó aquel valle hermoso donde rayita la esperaba

y decidió ir a por el

se reencontraron y ella lo tomo entre sus brazos mientras el ronroneaba

y le juro no abandonarlo y vivir con el entorno.

Hacia la tierra de los hielos

Navegaba en mar abierto

Tres hombres me acompañaban

Me dirigía rumbo al norte

Hacia la tierra de los hielos

De pronto se hizo la tormenta

Y un gran tifón se acercaba

Las olas se elevaron por encima del barco

Mas antes de golpearlo se detuvieron

Tres bestias emergieron de entre las olas

Un caballo purpura con un cuerno negro

Un caballo azul con cabeza de elefante

Y un ciervo de largas astas blanco como la nieve

El caballo purpura gobernaba las olas

Y las empujo sobre el barco

El caballo azul con cabeza de elefante hacia barritar su trompa

E invocaba tifones hacia el barco

Apenas resistíamos

Cuando el ciervo blanco trajo la ventisca

Que nos congelaba vivos

El barco no resiste más y las bestias lo hicieron zozobrar

Mis hombres quedaron a la deriva

Y yo me sujetaba de una tabla

Y pedí a los dioses nos salvasen

Solo buscábamos la verdad de este mundo

Un tesoro invaluable que pocos hombres desean

Pronto se oyó un sonido muy agudo

Que provenía del fondo del océano

Un centenar de orcas gigantescas se presentaron

Y devoraron a las bestias

cuando fue tragado el caballo purpura el mar se calmo

cuando fue devorado el caballo azul con cabeza de elefante

los tifones se desvanecieron

y cuando el ciervo blanco fue tragado la ventisca se disipó

y los vientos se volvieron favorables

el mar se manchó de sangre

pues mis hombres también fueron devorados

se oyó una voz en el viento decir

acepto el sacrificio

no lograba entender en qué momento pedí algo así

más desde el fondo de mi corazón quería vivir a toda costa

las ballenas se marcharon rumbo al norte hacia la tierra que buscábamos

yo fui guiado por el océano a una isla desierta

mientras veía a los cangrejos caminar hacia los lados

el tiempo se detuvo y logre reflexionar

es el océano un reino cuyos límites los imponen los dioses

es la tierra de los hielos su hogar primigenio

debes dar algo valioso a cambio de los favores de los dioses

y en esta isla desierta solo me queda el alma y mi corazón

volveré un día a intentarlo nuevamente

buscare en el mundo una ofrenda apta para su permiso

y si he de sacrificar mi alma para llegar a la tierra de los hielos

que así sea, pues quiero ver a los dioses en carne y sangre

no a fantasmas e ilusiones.

La niña y el guardián

Una niña cosechaba arándanos a las afueras de su hogar

Cuando de improviso se presentó un lobo que la quería devorar

La niña corrió muy lejos tanto que perdió el camino a su casa

Se adentro en un bosque embrujado

El cual sus padres le habían prohibido entrar

El lobo la seguía con su olfato la rastreaba

Se escondía tras un árbol y al cielo suplicaba

El lobo la encontró y abrió su boca mostrando sus afilados dientes

Cuando de improviso llego un ciervo a embestirlo

El lobo huyo herido y la niña se quedó junto al ciervo

Él le pregunto cuál era su nombre, ella le respondió:

Me llamo Jazmín en honor a una flor que mi padre le regalo a mi madre

Cuando estaban enamorados

Y tú que nombre posees pregunto la niña

Soy el guardián de este bosque lo cuido del hombre

Y de cualquier bestia ajena a nuestro entorno

Las aves me llaman amado y los demás seres vivos rey

Tu llámame como quieras yo te enseñare el lugar

Caminaron juntos por horas hablaron del espíritu que unifica a la mujer

Y a la naturaleza, de lo frágil que es el corazón del hombre y de lo bella

Que puede llegar a ser su alma

Le recordó que todos los animales son puros incluso los lobos

Que cada ser sobre la tierra está conectado con la madre tierra

Y que como los seres humanos buscan comida y refugio

Debes cuidar de ellos como de las plantas

Si te conectas con la naturaleza podrás ver la energía que fluye en ella

Y aprender a sanar el cuerpo como el alma

Llamare a una lechuza que te guie hasta tu hogar

deben estar muy preocupados por ti pequeña niña

no te vuelvas a alejar de tu hogar no podre protegerte

mi reino es este bosque y a el estoy atado

llego una lechuza blanca y se presentó

mi nombre es estrella y soy la más bella del lugar

sus ojos eran como perlas negras le recordaban al cielo nocturno

ella le guio a su hogar le habló del mundo, sus reinos y de los animales

le dijo que cada reino posee un dios que mantiene el equilibrio

y que los hombres hace mucho tiempo perdieron la conexión

que tenían con los seres vivos

que nacían siendo magos y degeneraban en bestias sin corazón

y dios los abandono a su suerte por dañar a sus seres queridos

la niña fue guíada por un camino seguro y pronto vio la entrada a su hogar

y sonriendo se despidió de la lechuza

esta le aconsejo que cuando crezca vuelva al bosque

que el solo hecho de poder oír a los seres vivos la hacía virtuosa

y se convertiría en una gran hechicera

su madre salió a encontrarla y entre lágrimas y abrazos

le reprochaba donde estaba, más ella le respondió

tuve un largo sueño lejos de casa y desperté hambrienta

quiero pan y leche si ya no estas enojada

la madre sonrió y juntas entraron a su hogar.

Un nuevo dios

En una torre blanca

Inspeccionaba los cielos el mago

El con su telescopio leía las señales del cielo

Buscaba la estrella que anunciara la llegada de dios

El nacimiento de un nuevo reino y el final del anterior

Cuando de pronto advirtió un cometa cuya estela era un arcoíris

Se dirigía hacia la tierra y en los bosques caería

Entonces descendió de su torre junto a su vara de roble

Y se acercó cuanto pudo al lugar del impacto

Allí vio caer al cometa y todos los seres vivos se acercaron

Él se acercó con prisa y sus ojos contemplaron

El huevo de un dios que parecía fracturado

De su interior irradiaba una luz que lo volvía translúcido

Y pudo ver a un hombre con cuernos de toro

Alas de cuervo y la cola de un león

Se sentía el latir de un gran corazón

Y pronto abrió los ojos el nuevo dios

Y con sus manos abrió el huevo del que provenía

Se paro frente al mago y lo observo

El mago habló con él, le contó del mundo y de los hombres

De la mujer y la naturaleza

el dios estaba sorprendido del caos de la civilización

no entendía como un mago podía hablar a su favor

dedujo que el mundo era gobernado por rufianes

que los animales sufrían y la mujer era limitada

que reinaba la apatía junto a la avaricia

dijo provenir de las estrellas de una tierra lejana a mil años luz

decía haber vivido como un niño en ella y reinaba la empatía y el amor

más un día sin advertirlo un dios se presentó

un devorador de mundos con diez mil dientes afilados

con grandes ojos, seis brazos y mil tentáculos

de un tamaño superior a la luna de la tierra

la criatura llegara algún día tal vez así no sea

sin importar ello este será mi nuevo mundo

y buscare la forma de coexistir con tu gente

el mago le ofreció pasar los días en su torre

inspeccionando el cielo e interpretando las estrellas

más el dios respondió mi lugar es la naturaleza

la vida y los seres de este mundo me han fascinado

hare justicia con ellos y prosperará la naturaleza

el mago está feliz un guardián cuidaría sus estancias

pues un mago ama tanto a la luna como a los bosques

el dios le dijo: puedo cambiar mi apariencia cuando quiera

me disfrazare de hombre y viviré entre ellos de vez en cuando

con la experiencia que obtenga vere cuales serán mis aportes ocultare mi magia pues no han madurado

el mago le dijo que se disfrazaría de vagabundo y recorrería la tierra sea

voluntad de dios nos volvamos a ver.

Han pasado ya cien años y el mago enfermó

Reposa en su torre blanca esperando el final

Mas su amigo se presenta a verlo descansar

Le habla del mundo y su magia, del arte y la ciencia

Que los hombres son poco más que animales

Mas de entre ellos hay prodigios, hay amantes y hay guerreros

Y que la naturaleza prospera y el reino mágico se conecta con este mundo

El será la transición de una era a la siguiente

El mago está orgulloso, feliz de que un dios de otra tierra

Se presente a despedirlo, ya está preparado para cruzar al otro lado

Y sus palabras lo convencieron de que hizo un buen trabajo

fue gran guardián de los bosques y los animales se reúnen bajo la torre

estrecha la mano con su amigo y viéndose fijamente a los ojos

emprendió su último viaje.

Sueño de verano

Estaba cansado de la ciudad,

Del ruido ensordecedor de los vehículos

Me aleje al campo debajo de un árbol

Descanse hasta quedarme dormido

Y desperté en un mundo mágico

Donde los duendes son reales y hadas cantan al amor

Se acerco a mí una liebre blanca de tres ojos

Y mirándome fijamente me mostro la historia del mundo

Vi dos mundos nacer como si fueran uno solo

Separados por el sonido y la visión

Vi a los primeros seres descender del cielo

Y los primeros seres en salir del mar

Vi a los ángeles que brillan como relámpagos

Y al hombre comenzar a caminar

Vi leones y corceles, grifos y centauros

Vi a gigantes y ciclopes junto a hombres mortales

Vi al hombre comer hongos y beber toda clase de brebajes

Vi a duendes arrastrar hombres lejos de sus estancias

Y propinarle una paliza a quien insultó su hogar

Vi a un gigante de ojos cafés similar a un mono

Dejar grandes huellas a su paso

Y vi a las aves legendarias volar junto a las aves de siempre

Al fénix y el alicanto, al gorrión y a los cuervos

Entonces vi al sol alumbrar la tierra que me rodeaba

Y esta comenzó a arder y los animales huían

El humo entro por mi nariz y caí al suelo intoxicado y creí morir

Entonces desperté en el campo ya había anochecido

Cuando una esfera azul índigo me llamaba a seguirla

El orbe parecía caminar y ser un espíritu

Y me llevo lejos cerca de un rio y se reunió con otras esferas

Trece esferas azules bailaban sin sonido

Dejaron un grabado en el suelo similar a un girasol

Y cuando quise tocarlas se desvanecieron frente a mis ojos

Los misterios del otro mundo que se presentan en el campo

Son una incógnita en mi vida que busco resolver.

Anciano

En el campo vivía un anciano

duro como un roble

vivía a su manera

de las historias que contaba a los hombres

dentro al interior de una cantina y se dispuso a hablar

contaba que cuando era joven mientras bebía

se hizo de noche y al volver a su hogar

en el trayecto un ave descendió a atacarlo

era un ave negra con colmillos y lengua de serpiente

envenenó su sangre y paralizó sus piernas

cuando se apresuraba a devorarlo

este con sus dientes de un mordisco le arranco parte del cuello

el ave huyó para perderse en la noche

les contaba a los hombres de su lucha contra los duendes

que cuando vagaba por el bosque estos en multitud

salieron a atacarlo, él se defendió con una honda y a más de uno dejo tuerto

también les contó que cuando era un hombre maduro

mientras pastoreaba sus ovejas descendió del cielo

un puma alado con garras de oso y se llevó una tras otra

a las ovejas del rebaño

él lo siguió al monte con su cuchillo y su honda

se enfrentó a la bestia armado, más este rajo su carne a zarpazos

él consiguió apuñalarlo en el vientre

pero la bestia huyo a tierras lejanas

de este encuentro aún posee las cicatrices

los hombres del lugar están fascinados de sus historias

la más famosa es la del becerro de mar

un becerro de un cuerno que provoca terremotos

mientras abre su camino hacia el océano

y con una liana mágica y su fiel cuchillo

ato la liana al cuerno del becerro y con su cuchillo lo cortó

lleva el cuerno a todas partes

mientras los hombres invitan las bebidas

él les habló de su mayor hazaña

cuando era un joven apuesto

conquisto a una dama

que era bella como la luna

y cálida como el verano

se amaron bajo la luz del sol

y bajo la sombra de los arboles

no hay mayor victoria que el amor

ni mayor magia que el romance

los hombres escuchaban

cuando decidió marcharse.

Reina del cielo

Diosa de ojos cerrados cuyo corazón no miente

revela al mundo los misterios albergados en lo inconsciente

mujer vidente que guardas la verdad

por los dioses custodiada bajo el velo de la realidad

elévate al cielo mi reina y suelta tus cabellos

que tus piernas se enraícen en el suelo y se hagan una con la tierra

multiplica tus brazos diosa mía y esconde tu rostro

mientras las estrellas se apagan tras tu figura

con tu vientre abultado eres perfecta

que dios llevas dentro que tu belleza intenta cubrir

sonríe reina del cielo y detén mi corazón

paraliza mis músculos y llena de terror mi alma

yo marcho hacia ti por una escalera infinita

con mi filosa espada abriré tu hermoso vientre

y revelare al mundo el final de una línea evolutiva

y el nacer de un nuevo hombre bajo la luz de un nuevo dios

¡oh! diosa mía belleza de la creación

la encarnación de la luna, mujer de la perdición

elevo mis manos al cielo cuando veo tu vientre en lo alto

creo escuchar a un ángel a punto de nacer

esta noche es luna llena y volveré a ti

llevo mi espada afilada para hacerte parir

cierro los ojos y mi corazón me deja ver la escalera acortarse

y a ti tan bella en el cielo intentando paralizarme

por fin he llegado a ti y consigo enterrar mi espada en tu vientre

y rasgo de abajo hacia arriba veo tu boca abrirse

mas no oigo ningún grito

ahora nace un nuevo dios un ángel de ocho alas negras

cubierto por un manto negro tres calaveras penden de su cuello

una de ellas lleva una corona de laureles y las otras dos un símbolo

una lleva una cruz de plata y la otra una pirámide de oro

el hijo de la diosa descendió a la tierra

y en nombre de su madre comenzó su destrucción

sembró discordia y paranoia

e hizo pelear a los ejércitos por siete años

un tercio de la población pereció

y el ángel volvió a los hombres y les advirtió

que su perversión contra la tierra y el mutuo desprecio que portaban

fue la razón de aquel trágico destino

y si volvían a atentar contra la naturaleza o contras sus semejantes

sembraría tal caos que sería nuestro final

las gentes oyeron cada palabra y sintieron miedo

se juraron unos a otros respeto y que la amistad uniría al mundo

el ángel vio dentro de sus corazones y vio que hablaban con verdad

entonces decidió marcharse

se desvaneció como espejismo

más cuando los hombres miraron al cielo

un eclipse total de luna transcurría.

Ángel de la muerte

La muerte viene a visitarme cada noche, cada tarde

Trata de llevarme con ella con halagos y cortejos

Sabe bien que la espero hace mucho tiempo

Hoy converso con ella del cielo y del infierno

Ya soy demasiado viejo para morir joven

Soy solo huesos y carne que se pudre

Quedaran de mi mis versos y creaciones

Viviré en la conciencia colectiva de los hombres

Ya no hay tiempo para soñar

La muerte se presenta cada vez más hambrienta

Mi alma está siendo mutilada y mi corazón devorado

Es la muerte una dama blanca de largos cabellos negros

Y un hermoso par de alas de cuervo

La sombra de un ángel negro que me abraza al dormir

La diosa que cuenta los días que pasa conmigo por las tardes

Que misterio guardas ángel de la muerte

Porque tu mirada parece perdida

Mientras tus palabras guardan profunda sabiduría

Llévame esta noche a tus aposentos

Mientras me desvanezco en sueños

Muéstrame el propósito de la vida

Mientras te dedico estos versos

Es mi actitud más que atrevida

Al ordenarte actuar

Se que estas muy ocupada

Cosechando almas

Mas yo decidiré el día en que mi alma he de entregar

Y tú decidirás la noche en que la vengas a buscar

Adiós por esta noche segadora de almas

Te espero mañana nos vemos en el limbo.

Flor violeta

Una bella flor de tonos violetas

Crecía en un bosque olvidado por el hombre

Ausente de animales y no más vida que la vegetal

Una mujer llego un día buscando la fuente de la vida

Mas solo encontró una flor y se enamoró de ella

La arranco con su raíz y el bosque se marchitó

La llevo al desierto del que provenía

Y en un altar la colocó

Prendió dos velas a su alrededor y una canción entonó

Canto a las nubes del cielo y a la arena en el suelo

Y el clima cambio

Se hizo la tormenta y la arena en tierra se convirtió

Nació un bello bosque tan bello como el anterior

Y en su centro planto la flor de cuyos pétalos se enamoró

Llego el agua y la vida al mar de arena en que creció

Lamentaba haber secado el bosque que encontró

La hermosa flor se multiplicó y pequeñas aves llenaron el bosque

Pronto una lechuza llegó

Y con ellas una pareja de ciervos bellos como el sol

La mujer lleno de dicha su corazón

Este bosque hermoso jamás enfermaría

A sus afueras era rodeado por un mar de arena

Y el hombre era incapaz de llegar a el

Lagrimas brotaron de su rostro junto a una ligera llovizna

Entendió la conexión entre la mujer y la naturaleza

Y sus ojos pudieron ver los hilos que unen a los seres vivos

Pronto se hizo de noche y la luna creciente le acompañaba

Sonrió de alegría al ver su majestuosidad

Decidió marchar y ver el mundo

Llevando consigo solo un pétalo de la flor

Su fragancia le recordaba la belleza del bosque

Encontró un valle moribundo donde la vida se extinguía

Y decidió volver a su bosque sagrado

Y con las dos manos arrancó una flor.

Mártir

Sucedió entonces en los días de los primeros hombres

Una lucha de poder entre aquellos que querían ser libres y vivir de la caza y

La recolección y aquellos que levantaban templos y erigían ciudades

sometiendo a los demás como esclavos

uno de ellos grande y robusto se proclamó como rey

por su crueldad era temido y por su palabra respetado

más de entre los hombres libres existía uno particular, alto y esbelto

con gran talento en la batalla que odiaba todo régimen y cadenas

su nombre era luna perpetua y el del rey noche sin luna

el rey mando a acabar con los rebeldes y a todo hombre que se

proclamase libre seria asesinado

y sin tambores ni estandartes los hombres libres se organizaron para pelear

miles morían hasta que el rey decidió participar en batalla

luna perpetua estaba agotado, había acabado con cientos

el rey entro en batalla y aunque la ventaja era obvia luna perpetua

se defendió y con su mano izquierda hundió su pulgar

en el ojo derecho del rey dejándolo tuerto para luego caer agotado

y el rey herido se vanaglorio de su victoria

tras la muerte de luna perpetua el ejército de hombres libres desistió

la mayor parte murieron y los demás huyeron.

Hechicero

Luces sagradas del cielo vislumbren mi alma agotada

Por los tormentos de la vida mi sangre se ha vuelto oscura

La más fuerte de las pasiones a nacido de mi interior

El amor por la verdad, por el mundo exterior

La noche envuelve mi cuerpo vistiéndome de cuervo

Vuelo lejos de mi tierra, me alejo en el horizonte

Sobrevuelo a los hombres en sus rituales sagrados

Aprendo de ellos me apropio de sus símbolos

Vuelvo al amanecer disfrazado de mendigo

Traigo conmigo los secretos del hombre primitivo

La verdad del hechicero, los conjuros del mago

Fórmulas y elíxires que pronto he preparado

Una poción para ver lo invisible, otra para alargar la vida

Tales son los misterios que volando he descifrado

Ahora veo a la luna mi fiel compañera

Esta semidesnuda, callada y somnolienta

Pocas horas quedan para el amanecer

Los grillos no se han callado durante toda la noche

Y las luciérnagas bailan bajo un ciruelo

Preciosa luna menguante permaneces silenciosa

Las estrellas intermitentes nos acompañan

Bajo tu luz hago un símbolo

Una estrella de cinco puntas

En su centro puse una rosa amarilla

Y le cante a la luna mientras daba trece vueltas

Pidiendo fuerza, belleza y fortuna

Y la rosa enraizó en el suelo, se levantó y floreció

Tú la madre del océano, la diosa vidente

Bendíceme esta noche con tu protección

Yo te cantare mil noches, te dedicare versos de amor

Creo estoy enamorado de tu dulce compañía

De tu fuerza, tu pasión y de tu sabiduría.

Bruja

La dulce forma en la que hablas

La impetuosa forma en la que ríes

Son el claro reflejo de una mujer libre

Libre de ataduras espirituales o materiales

Eres la encarnación de una diosa tan antigua como la historia

Que teje en silencio el destino de sus seres queridos

El mundo gira a tu alrededor como si del sol se tratase

Atraes toda clase de aves, hombres y animales

Tus palabras son conjuros altamente poderosos

Atan el destino de los seres a tu alrededor

Gloriosa hechicera de ojos oscuros

Vives de plantas mágicas que evitan que envejezcas

El sol y la luna son tus padres

La noche y las estrellas tus aliadas

Cantas en luna creciente y bailas bajo las estrellas

La pasión que das en todo lo que haces

Llena de magia cualquier brebaje

Las lágrimas que brotan de tus ojos son junto a tus cabellos

Bellas ofrendas al dios caído

Rindes culto a un ser que yace en el fondo del océano

Que promete levantarse y cubrir de agua el mundo

Crees ser capaz de liberar sus cadenas

Y ganar su respeto y librarte del mal

Mas yo sé bien que conoces al dios del cielo

Y ese descenderá a ocuparse de todo mal

La tierra esta desolada en busca de un dios

Serás capaz de traer justicia o solo destrucción

Hermosa bruja de cabellos rizados

Por un guiño de tus ojos

Caí a ti embrujado.

Demiurgo

Mi alma siempre está triste

Desde que fue capturada por el demiurgo

Desde que fue encapsulada en la materia

Prisionera en este mundo

Mi espíritu inconsciente reclama libertad

Las heridas en mi cuerpo no lo dejan escapar

Mi corazón está herido por culpa del amor

No hay ninguna estrella que me ofrezca salvación

Mi mente se desconecta por un instante de todo

Y escucho la música electrizante que mueve los mundos

La tierra es una cárcel para espíritus eternos

Somos prisioneros de un celador de otro mundo

Solo cuando bailamos demostramos

Nuestra conexión con el mundo anterior

Los valientes que mueren cruzan a otro plano

Los que sentimos amor estamos hechizados

Ansió cruzar el umbral y reunirme con mis hermanos

Que el ultimo latir de mi pecho sea apasionado

Que caiga en batalla en los brazos de la gloria

Y dejar sin alimento al dios que nos tortura

A quien nos acosa por las noches con terribles pesadillas

Y quiere vernos suplicar piedad de rodillas

Los fantasmas son almas ancladas en este mundo

Que por amor incondicional se ataron a este plano

Yo veo la escalera de forma espiral

Alcanzo a distinguir el origen de mi ser interior

Demiurgo consumidor de espíritus

Que provienen de otro plano

Donde todos somos dioses

Donde hacemos lo que deseamos

Ya no llorare más por sentirme encadenado

Voy a enfrentar al dios que rige los cielos

Desnudo sin más armas que mis manos

Me dirijo a ti esta noche si he de morir que así sea

El sol en su vastedad son tu casa y tu guarida

Allí consumes la vitalidad de las almas afligidas

Al llegar a ti veo a un ente sentado

Con seis brazos y una gran cabeza

Y un ojo enorme en tu frente

El cual quisiera arrancar con mis manos

No puedo acercarme más ni puedo levantarme

Es como si una fuerza magnética me empujara hacia abajo

Te veo directo a tu ojo y me empujas con tu mirada

Soy lanzado al vacío y despierto en mi cama.

Mujer

De todas las cosas vivientes habidas y por haber

La más sorprendente es sin duda la mujer

Delicada e inteligente, sabia como la serpiente

Astuta y atrevida, fiel y atenta de por vida

Bella como las rosas, ligera como las mariposas

Hija del sol y la luna preciosa como ninguna

Por las estrellas envidiada por brillar intensamente

Cálida como una fogata, libre de alma y mente

Inspiración de los poetas, de magos y pintores

La razón de emprender grandes viajes por guerreros y exploradores

Es tu corazón un rubí tan rojo como la sangre

Es tu alma tranquila la razón de enamorarme

Diosa de los ríos, los lagos y el océano

Diosa de las flores y la naturaleza

Que mi amor por ti siempre permanezca, que el tiempo no lo desvanezca

Princesa sobre la tierra cuyo reino es el cielo

Que las flores te bañen con su fragancia

Que las aves te canten alabanzas

Y que los animales te protejan de cualquier amenaza

Mujer de cabellos hermosos que me llevan al paraíso

Déjame cortejarte y en versos describir tu rostro

La mujer es bendita desde antes de nacer

Trae al mundo belleza y un nuevo amanecer

Sus ojos brillan como la luna y su cabello como el sol

Es la joya más preciosa que nos ha dado el creador

Te amo desde que era niño desde hace mucho tiempo

Escucho tu voz cálida y la ternura de tu amor

Caigo en la magia de tu sonrisa

Me pierdo en la magia de tu canción

Tan dulce que conmueve el corazón

Tanto tiempo te he deseado como amiga y compañera

Por tu magia he renacido cada primavera

Deseo de corazón mi reina seas capaz de vencer al tiempo

Yo estaré a tu lado te cuidare hasta el último aliento.

Mi más brillante estrella

Veo en tus ojos belleza, paz y compasión

Veo en las estrellas tu alma vibrar

Canto a los cuatro vientos una canción de amor

Habla de nosotros dos bajo un árbol enamorados

Por mil días te he esperado sobre un puente de cristal

Espero tu alma llegue y juntos crucemos el umbral

Mas allá de la vida nos espera la eternidad

Lo que vive más allá del verso y somete al universo

Nuestras almas se encuentran bajo la mirada de dios

Nuestro amor es bendecido por los ángeles del cielo

Ahora vuelve a mi princesa de ojos oscuros

Despierta de tu sueño levántate a mi lado

Ya hemos sellado el pacto de amor incondicional

Somos seres antiguos lo sabemos tras el ritual

Yo te amare eternamente y tú serás mi compañía

Veremos al final de los tiempos el mundo oscurecerse

Y a la mañana siguiente brillar intensamente

El amor y la amistad son las fuentes de la vida

De allí brota todo lo que erige a la civilización

Tu amor y tu amistad me volvieron muy sabio

Me hicieron fuerte y valiente sanaron mi alma y mi mente

Mi corazón te he entregado a ti mi diosa alada

Mi alma te reclama más allá del tiempo

Mientras nos besamos pienso en que sería sin ti

No soportaría la idea de perderte

Eres mi corazón y mi razón de vivir

La muerte no es el final solo es el paso a una nueva realidad

Donde tú y yo estamos atados para siempre.

Te veo danzar

A través de la noche oscura veo tu alma danzar

Veo en tus pasos dejar una estela que brilla con luz de luna

Oigo ligeramente a tu corazón suspirar

Escucho murmurar en tus labios una canción de amor

Versos que describen la vida llena de oscuridad y soledad

Por la noche bailas tranquila en el día no encuentras paz

¿Cuál es tu lugar en el mundo?

Me pregunto mientras te veo danzar

Mereces una corona o cadenas que te aten al mar

Tu alma no es merecida en ningún lugar sobre la tierra

Tu espíritu busca la paz más allá de las estrellas

Es tu corazón una melodía que toca notas de angustia

Pareces deprimida al no cantar bajo la luna

Pues son muchas las criaturas que cantan por las noches

Y temes tu canto sea estropeado con el ruido que emiten

Que tu alma sea una estrella que brille intensamente

Hasta alcanzar el horizonte y las tierras lejanas al oeste

Sigue danzando doncella que mi alma esta hipnotizada

Con tus pasos delicados y con el movimiento de tus brazos

Tus pasos dibujan en el suelo una flor dorada

Que refleja el universo en un círculo pequeño

Son la luna y las estrellas testigos de tu danza

De tu ritual mágico que embellece el alma

Es tu forma de moverte semejante a las mariposas

Brillas por la noche como una luciérnaga

Tu baile agrupo a un centenar de estrellas en el cielo

Son tu público y dejan caer pétalos de rosas

Sigue bailando preciosa que la luna está en vela

Yo te observo enamorado, te seguiré a donde vayas.

Chica hermosa

Siempre antes de dormir recuerdo a mi chica hermosa

Recuerdo sus labios rojos y sus ojos preciosos

Pienso en las palabras que nunca dije

En los te amo que guarde creyendo que seriamos siempre felices

Las palabras no bastaban para describir este amor

Creí que nuestros besos demostrarían mi pasión

Tocar tus pequeñas manos transmitía tu ternura

Te amare hasta el final de los tiempos más allá de la razón

Tu figura era perfecta como la de una diosa antigua

Aceleraba mis latidos y me llenaba de calor

Abrazarte era un regalo que dios me concedió

Para no estar siempre solo y conocer el amor

La noche más larga de mi vida es la más bella que recuerdo

Cuando hicimos el amor se detuvo el tiempo

Jure al cielo te cuidaría y de todo mal te protegería

Mas un día decidiste ya no esperarme a tu lado

Mi corazón sintió aflicción y mi alma huyó lejos

La locura de este amor me lastimo por dentro

Ahora voy a la deriva entre versos y melodías

No encuentro puerto para mis besos ni compasión en mi vida

Le ruego a dios y a los ángeles consuelen mi corazón

Y me envíen una doncella que calme mi dolor

Tu vivirás siempre en mi mente como la más bella

Me enseñaste calor y afecto, dulzura y pasión

Veo las estrellas por las noches y canto con el corazón

Espero que cuando su luz te ilumine escuches mi canción

Mi alma volvió a mí, herida y agotada

Recorrí el mundo entero buscando una solución

No halle en ninguna tierra mujer semejante que llene mi interior

Te amare siempre preciosa como a nadie más ame

Te esperare en la otra vida al final del atardecer.

La pasión de mi corazón

Hoy es luna nueva la noche más oscura

Veo las estrellas las amo con locura

Busco entre ellas la nuestra, la que indica nuestro amor

Nuestro lugar en el tiempo, nuestra historia de pasión

La pasión en mi corazón arde como el fuego

Mi alma será una estrella luego de mi muerte

Espero en la otra vida de todo mal protegerte

Pues en esta te perdí entre un océano de gente

Te sigo amando eso es obvio con razón y verdad

Te sigo esperando como un sueño que jamás termina

Tu mi dulce ángel la razón de este amor

La luz de mis ojos, mi fuente de inspiración

La noche es nuestra madre nuestra mayor confidente

Nos desviste la oscuridad, la fresca brisa de la tarde

Estoy ebrio de amor, de pasión y locura

Quiero besar tu boca bajo la luz de la luna

Sentir tu cuerpo cálido muy junto al mío

Tocar serenamente tu cabello ondulado

Hacer el amor bajo un árbol como en un sueño lúcido

Viajar juntos a tierras lejanas a nuevos e infinitos mundos

Sostengo tus manos con delicadeza, con suavidad y talento

Transmito mi legado en tu vientre de amor eterno

Me abrazas con confianza con amor y amistad

Confía en estas manos y confía en mi corazón

Jamás te daré la espalda ni seré una desilusión

Las estrellas tiemblan mientras su luz se desvanece

En el cielo reconozco una constelación, se asemeja a un león

Y bajo la casa de leo sellamos nuestro amor

Tus ojos reflejan el cielo y atraviesan mi alma

Tus suspiros me inspiran a cruzar nuevos horizontes

A llevarte lejos de esta tierra donde nadie nos oiga

Pues soy celoso de que tu voz sea oída por otros hombres

Podrían caer embrujados y querer enfrentarme

Tus palabras son poesía, verdad y justicia

Cuando hablas creo escuchar a las aves cantar

Bésame bajo este árbol a la orilla de un rio

Que nuestro amor sea recordado mil años en la tierra

Y para siempre en las estrellas.

Portador de la luz

¡Oh! mi gran señor

Brillante estrella del amanecer

Ilumina mi camino a la cúspide

Que mis versos vuelen y te alcancen.

Tú que eres la luz sobre la tierra

La sabiduría encarnada en el hombre

Que tus rayos iluminen mi camino

Que me lleven a cruzar nuevos horizontes.

Precioso ser de cabellos dorados

Que pareces emerger del fuego

Te ofrezco mi vida en ofrenda

Por obtener tu favor y tu gloria.

Eres el más cercano al sol

A la luz de la creación

Tu cuerpo es el de un ángel

Tu alma es la perfección.

Has que tus alas de fuego rubí

Se extiendan en el cielo

Que tu halo guie a los hombres

A buscar la verdad que se esconde.

Acerca hacia mi tu mano derecha

Portando el fuego de los dioses

La verdad jamás escrita

La virtud que guarda el hombre.

Desciende sobre el océano

Y veras en un instante emerger el barro

La tierra se hace a tus pasos

La naturaleza reconoce tu origen divino.

Tus ojos son profundos

Azules como el cielo

Ven dentro del alma

Descubren cualquier anhelo.

Ángel de fuego divino

La belleza hecha hombre

Guarda en tu corazón mis versos

Y en tu alma mis creaciones.

Te veo en sueños suspirar

Caminar desnudo sobre la tierra

Iluminar la noche más oscura

Llenar de valor el corazón del hombre.

Tú que fuiste el primero

En cruzar a este mundo

El primero en ver la verdad

Que somos esclavos de un demiurgo.

Deposita en mis manos tu fuego divino

Lo guardare en mi corazón

Luchare por la libertad

Por la verdad de la creación.

Guardián del bosque

Dormía al interior de un bosque

era un guardián de la tierra

bajo una roca descansaba

lo protegía la naturaleza.

Tenía cuernos de escarabajo

sus alas y su coraza

más su cola era de cocodrilo

y sus manos de ser humano.

Despertó de improviso

el humo entro por su nariz

leña se quemaba

y la piel de un jabalí.

Con sus alas creo una ventisca

que el fuego apago

más la amenaza era más grande

el hombre se presentó.

Querían asentarse

en el hermoso bosque

comer su carne y sus frutos

y construir sus hogares.

Se sumergió en las aguas de un rio

y los vio lavar sus prendas

tomo a las mujeres y a los niños

y los encerró en una cueva.

Luego de mucho buscar

los hombres comenzaron a pelear

se culparon unos a otros

no lo debieron desafiar.

Ancianos y hechiceros

les hablaron de un guardián

que cuidaba de la tierra

y descansaba en el lugar.

Sus sueños de tomar un espacio

donde construir

se fueron al infierno

ahora luchan por vivir.

El guardián se presentó a los hombres

con rostro sereno y compasivo

les prometió devolverles a sus hijos

si se marchaban a otro sitio.

Aceptaron sin más remedio

que marcharse a otras tierras

el guardián devolvió a sus hijos

y a las mujeres a las afueras.

Descansa nuevamente

bajo una roca

quien dañe a uno de sus seres

al demonio invoca.

Brujo

Estaba sola y deshabitada

era una casa vacía

más a los niños del barrio

les encantaba pasar ahí sus días.

Jugaban a ser caballeros

a luchar con dragones imaginarios

no advirtieron el peligro

el ruido a un brujo había despertado.

Llevaba ahí siglos

dormido o hechizado

condenado probablemente

por practicar artes oscuras en su pasado.

Se levantó en medio de la batalla

que tenían los niños en la casa

y en un dragón se convirtió

para que los niños se asustaran.

Muchos niños se asustaron

más uno no conocía el miedo

y con su espada de madera

juró derrotar al hechicero.

El brujo jugaba

a un niño se asemejaba

batía sus alas contra el

y con el viento lo amedrentaba.

El niño se encaramo en su espalda

y por un agujero del techo salieron

volaron lejos de la casa

a los prados se dirigieron.

El niño veía

su sueño volverse realidad

la magia existía

y no percibía maldad.

El hechicero se detuvo en un campo

y volvió a ser hombre

el niño le pregunto entusiasmado

cuál era su nombre.

El brujo le confió un secreto
él fue condenado y encerrado
sellado bajo tierra por practicar la magia negra
y su nombre a olvidado.

El niño le dijo
yo no veo a un hombre malo
si de verdad os condenaron
ellos fueron los malvados.

El brujo se conmovió
y respiró el aire libre del campo
y le prometió ayudar a los niños
a encontrar el camino indicado.

Se convirtió en un corcel
y subió al niño a sus espaldas
lo llevo hasta su hogar
y le agradeció por sus palabras.

Se despidió del niño relinchando
y el niño sonrió
les contó la historia a sus padres
jamás nadie le creyó.

Gorrión

Un gorrión llego a mi

A la puerta de mi hogar

Y comencé a alimentarlo

Con migajas de pan.

Viene por las mañanas a visitarme

A tentar a mis gatos

Dios sabe no deseo

Sea por ellos devorado.

Vuelve a tu nido bella ave

No juegues en la calle

Que aves depredadoras

dejan ver su sombra.

Por las mañanas te alimentare

y a medio día te despediré

hoy traes muchas compañeras

te reconozco entre ellas.

El ritmo de tu corazón

late a ritmo de tu canción

tu bella melodía

hace brillar al sol.

Me hipnotizan tus pequeñas alas

y tu pequeña cola

que criatura tan asombrosa

y a la vez misteriosa.

Esta mañana llueve intensamente

y tardas en llegar

temí algo te hubiera pasado

no me vuelvas a asustar.

Te veo jugar en la lluvia

bello y pequeño ser

no me quedan dudas

del cielo es tu proceder.

Vuela lejos y no me olvides

que yo te guardo en mi mente

jure alimentarte

y de todo mal protegerte.

Tu simbolizas el amor

que me conecta con el mundo

la ternura y la pasión

que llevamos en nuestro interior.

Pobre chico

Tus lagrimas caen al pasto

Y se vuelven el roció de la mañana siguiente

Tu corazón estaba enamorado

Y fue apuñalado severamente.

Pobre de ti chico precioso

Que pecado pagas en esta vida

Que tu alma es condenada

A vagar errante y dividida.

La perla en el cielo esta triste

Al ver a su hijo llorar

Reclama venganza y justicia

Por haberte hecho sufrir.

No puedo amarte te dijo

No como tú me amas

Seamos solo amigos

Y olvídate que me quieres.

Con que dulzura le hablabas

A tu pequeña amada

Que te correspondió en besos

Mas nunca con el alma.

Tu llanto no tiene cura

En este mundo o cualquier otro

Estas desnudo y desorientado

Estas con el corazón roto.

Aléjate de mí para siempre

Eso le gritaste a tu amada

No quiero volver a verte

Has condenado mi alma.

Ella llora sin entender

Porque es incapaz de amarte

Nunca espero que de ti

Las lágrimas brotasen.

Creyó que era solo un juego

Un romance cualquiera

Que solo era un capricho

Relacionarse con un chico.

La noche te cubrió con su manto

Y lo hará por mucho tiempo

Tu corazón está de luto

Y ya no late de pasión.

Mucho tiempo pasara

Hasta que te vuelvas a enamorar

Muchas primaveras

Sin ver el sol brillar.

La noche

La noche es mi compañera

Mi amiga más cercana

Guía de mis pasos

Guardiana de mi alma.

En la oscuridad soy una sombra

Que emerge del infierno

No hay nada en este mundo

Que pueda lastimarme.

Bajo la luz de la luna

escribo versos de amor

acompañado por las estrellas

expongo mi corazón.

La noche me viste de negro

de oscuro misticismo

me vuelve sigiloso

hábil como un felino.

Por las noches soy apasionado

lleno de vida, magia y romance

mi mente descansa tranquila

mientras mi espíritu entra en trance.

A medianoche tomo mis libros

leo mil y un versos

me lleno de inspiración

que luego expreso en mis creaciones.

De noche soy más fuerte

más atento y talentoso

mis manos se vuelven cinceles

que transforman lo que toco.

Las estrellas me iluminan

llenan mi corazón de vida

me enseñan artes antiguas

rituales y hechizos divinos.

La oscuridad me parece cálida

dulce y relajante

me deshago de mis dudas

ninguna mujer puede embrujarme.

Veo a la luna menguante

comenzar a esconderse

mientras las estrellas observan

silenciosa y atentamente.

La luz de la luna

permite ver a otros seres

luciérnagas y lechuzas

que hipnotizan mi mente.

El silencio es intermitente

y muero con cada suspiro de la noche

renazco con el sonido de un grillo

y vuelve mi alma volar entre dos mundos.

La noche ha sido siempre

la habitación de mi inspiración

la razón de mis versos

la magia de mi corazón.

Almas unidas

Nuestra historia esta plasmada

En lienzo y en papel

Nuestras almas están unidas

Por la magia del ser.

Dios nos cuida y protege

Nos aleja de todo mal

Estamos conectados

Siempre juntas nuestras almas caminarán.

Sostén con tus manos mi corazón

Y con tus lagrimas llénalo de vida

Con tus suspiros vuelve a latir

Con tu aliento respira.

Mi alma gemela

Que del cielo proviene

Correspóndeme en tus brazos

Con tus besos protégeme.

Yo te amo desde siempre

Desde nuestro primer contacto

Cuando nuestras vistas se cruzaron

Y con un beso se juraron.

Eres mi princesa

Mi diosa griega

Te amo con pasión

Con la potencia de mi corazón.

Que nuestros días sean largos

Para amarte con paciencia

Quiero cortejarte

El amor es arte y es ciencia.

Mi amor por ti

No está medido en el tiempo

Nuestra historia en este mundo

No puede ser descrita en versos.

La pasión de mi alma

Te llama a gritos por las noches

El latir de mi corazón

Compone una canción de amor.

Mi hermosa amada

Mi querida compañera

La más dulce amiga que he tenido

Tu sonrisa es la más bella.

Tu alma y la mía

Están unidas para siempre

Nos amábamos en el pasado

Y nos amaremos mil veces.

Tú eres la razón

La inspiración que me llena

Te amo más allá de la razón

En tus manos dejo mi corazón.

Alma herida

Aquí yace mi alma herida
Desolada por tu desamor
Clamando a los dioses piedad
Pues espera la perdición.

Aquí yace mi corazón roto
Desprovisto de sangre
Aquí latió intensamente
Antes de renunciar a amarte.

Espero en la otra vida
reencontrarme contigo
con tus besos apasionados
con el ritmo de tus latidos.

Mi espíritu reclama
una verdad sin nombre
acaso estabas enamorada
o solo juegas con los hombres.

Te veo a través de tu sonrisa

tan dulce y delicada
tú eres mi musa inspiradora
mi bella doncella amada.

Lamento no haber sido
tu príncipe azul
espero no haber roto
tu frágil corazón.

Tu alma vaga errante
sobre las olas del mar
escucho tu voz en la orilla
me incita a adentrarme al océano.

Tu espíritu abrió las puertas
de mi corazón y mi alma
mi alma ya no vuela
y mi corazón ya no canta.

Dejaste una marca en mi alma
que permanecerá de por vida
dejaste mi corazón roto
y mi cuerpo a la deriva.

Mi amor por ti es tan grande

lejano y remoto

como lo son las estrellas

ancladas en el cielo.

Sí he de volver a verte

espero ser joven aun

volver a besar tus labios

y abrazar tu espíritu.

Deseo olvidarme de todo

y volver a enamorarme

encontrar un nuevo amor

y perderme en el romance.

Enfado

Viéndote enojada me preguntaba

Tan grande fue mi equivocación

Que ahora cierras las puertas

De tu alma y tu corazón.

Solo me equivoque en un nombre

Llame a la rosa, jazmín

El nombre de otra flor

Que alguna vez conocí.

Tan grande es tu orgullo

Que no me miras a los ojos

Cruzas tus brazos con firmeza y

Me rechazas con tu enojo.

Yo amo todo de ti

Tus gestos de ternura y felicidad

Incluso los de enfado

Son mi bella realidad.

No quiero que te enfades

Arrancare esa flor de mi mente

No volverá a suceder

Jamás quise compararte.

Sonríe niña preciosa

Levanta esas cejas

Mírame a los ojos

y sonríe eres hermosa.

Que la angustia de tu mente

se disipe en la tarde

que tu amor por mi regrese

y volvamos al romance.

Tu risa es encantadora

tan agradable e infantil

amo estar cerca de ti

te amare hasta morir.

Tú eres mi flor más bella

la más bella que conocí

te amo como a una estrella

le rezo a la luna por ti.

Pequeña y delicada flor

guarda en tu corazón nuestro amor

yo guardare nuestras penas en mi alma

y Las convertiré en risas para el corazón.

Espero no vuelvas a llorar

ni enfadarte por pequeñeces

yo cuidare a mi ángel

por el tiempo que me quede.

Chica dulce y amable

el reflejo de una rosa

te amo a pesar de todo

eres mi flor más preciosa.

La más bella flor que encontré

Te enamoraste de su alma

La que envolvía cada centímetro de su carne

Era dulce y apasionada

La flor más bella que contemplaste.

Era joven en aquellos días

Aunque hoy sigue siendo hermosa

Posee la sonrisa de un ángel

Es la encarnación de una diosa.

Sus ojos eran verdes

Como las hojas de los sauces

Sus cabellos eran castaños

Su corazón puro como un diamante.

Besaste sus labios rojos

Y conociste la ambrosía

Sujetaste su cintura

La viste desnuda y desprotegida.

Le juraste amor eterno

Te comprometiste con dios

Escribiste versos de amor

Le ofreciste tu corazón.

Pero mientras te besaba

Ella abrió los ojos

Y percibió la oscuridad

Que guardabas en tu interior.

La peor herida que te han hecho

Una puñalada en el corazón

Desangrado y mal herido

No encuentras salvación.

Ella llora arrepentida

De abrir una puerta que no cruzó

El lamenta de por vida

Haberle entregado el corazón.

Seguirán caminos distintos

él y su enamorada

creyó le correspondía

su alma esta desorientada.

Un último beso de amor

que enloquece de pasión

de que sirve despedirte

si te llevo en el corazón.

No me rendiré en esta vida

cruzare el océano y más allá

matare el mal que llevo dentro

te prometo conquistar.

Tu lugar es con los sabios

tu pasión es la guerra

idolatras la justicia

amas el sol y las estrellas.

Preciosa y voluptuosa

Preciosa y voluptuosa

Ante mis ojos una diosa

De senos grandes y caderas anchas

Enciendes el fuego que quema mi alma.

Tus ojos son como perlas plateadas

Tus labios están teñidos por el vino de un dios

El sabor de tus senos es un néctar

Siento el placer divino de beber de ellos.

Tus manos pequeñas son hermosas

Y te hacen frágil y humana

Mas tus piernas son largas

Y desatan una bestia en mi alma.

Amo estrechar nuestras manos

Y besar tus dulces labios

Beber la ambrosía de tu cuerpo

Y descender al cielo infinito.

Penetrar tu carne y tu alma

En un mismo acto

Tu carne es frágil y delicada

Y tu alma imponente y brava.

Tu espalda es pálida y con lunares

Que forman una constelación

Que el cielo envidiaría

De poder verla bajo la luz de la luna.

Tu cabello ondulado negro como la tinta

Húmedo tras hacer el amor

Es dionisiaca fragancia

Que embota los sentidos.

Mientras tanto tu corazón

Que latía a mil por hora

Desciende hasta parecer

La lira de un ángel

Mi hermosa mujer voluptuosa

Mi diosa encarnada en mujer

Besarte es viajar al inframundo

Enfrentar a la muerte y vencer.

Hija de afrodita

Princesa del reino del placer

Guardo tu amor en mi sangre

y tus besos en mi piel.

Amo las noches contigo

del atardecer al amanecer

dios me ha enviado un ángel

que me hace enloquecer.

Luz inspiradora

Luz inspiradora

doncella de mi vida

ángel de alas rojas

mi dulce compañía.

Toma con tus manos mi corazón

envuélvelo en cenizas

así volverá a nacer

aunque mi alma este hecha trizas.

Alza tus brazos a la luna

cuando esta esté llena

cuéntale tus secretos

ella se mantendrá en vela.

Viaja lejos de casa

te espero en la montaña más alta

aunque pase una vida entera

sé que me alcanzara tu alma.

Mi espíritu se ató al tuyo

hoy son un solo ser

la magia del universo

el poder de entender.

El amor nos volvió dóciles

al uno con el otro

mi alma era domada

mientras conquistaba tu corazón.

Niña de ojos negros

y preciosa tez pálida

sumérgete en mi mundo

vivamos del romance.

Bésame mientras duermo

para buscarte en sueños

y despertar inspirado

sediento de tus besos.

Canta al sol por las tardes

cuando este se esconde

recuérdale al amanecer

los versos que le dedicaste.

Crucé un océano para alcanzarte

para verte a los ojos

para tomarte con pasión

y besar tus labios rojos.

Tallaría tu corazón en mármol

y lo llevaría a la torre más alta

allí escondería mi amor

de la envidia de las hadas.

Doncella de mi vida

mi dulce compañía

mi luz inspiradora

mi princesa prometida.

El inconsciente y el corazón

Son para mi dos de los más grandes misterios.

Como nacen del interior eventos casi indescriptibles

La razón y la lógica que se dan en esta obra

Son la parte menos relevante de esta

Ya que lo que enciende el relato e impulsa al verso

Son el espíritu y el corazón.

La poesía es en esencia el vínculo que une al espíritu donde yacen

Los arquetipos y al corazón donde nacen los versos

Y hacen a esta obra única.